広島
極上レストラン

～珠玉の一皿～

佐伯 和彦・貴子

は じ め に

「広島極上レストラン −珠玉の77皿−」の出版から、4年が経ちました。

この間、飲食業界は
コロナ禍の影響で営業形態の縮小を余儀なくされたり
使用されるはずだった食材やお酒が行き場を失ったり
多くの試練に直面しました。

現在も、原材料の価格上昇や人手不足、突然のキャンセルなど
さまざまな課題を抱えていらっしゃいます。

そんなとき
当県出身の総理大臣を議長とする「G7広島サミット」の開催が決定しました。

　G7広島サミットを機に、多くの方が広島を訪れるのに
　広島のレストランを紹介する本がない……

この言葉は、第2弾の製作を躊躇っていた私たちの心を動かしました。

私たちの暮らす広島には、山や海があります。

豊かなテロワールから生み出される多様な食材と
いにしえの歴史から育まれた食文化。

生産者から大切に届けられた食材と真摯に向き合い
切磋琢磨して作り上げた「一皿」は
世代を超えて愛され、語り継がれていくと信じています。

　ほんのひととき
　非日常を味わえるレストラン。

　温かいおもてなしに触れ
　感動を与えてくれるレストラン。

さまざまな日々を乗り越え
レストランの素晴らしさを噛みしめています。

是非、お気に入りのレストラン
そして、お気に入りの「一皿」を見つけていただけましたら幸いです。

佐 伯　和 彦・貴 子

広島極上レストラン

2

～ 珠玉の一皿 ～

CONTENTS

Special

広島の食に携わるスペシャル

[馬上畜産]
代表 馬上 幸治さん —— 48

本書の見方

元念 瀬川 ● —————————— 店名
げんねん せがわ

11　1月の前菜 ● —————————— 料理名
　　（コースの一皿）
　　♪1万5000円 ● —————————— 料金

四季の風雅が随所に宿る日本食の美しさ

　引き戸を開けて飛石を渡ると、木のぬくもりを感じる店内で迎えてくれるのは笑顔の柔和な店主ご夫婦。「季節が感じられる料理と器」をテーマに、丁寧な仕込みを感じられる料理を提供されています。1月の前菜には、松葉ガニと寒じめホウレンソウのおひたし、地物の牡蠣や茶ぶりなまこが並び、小雪の舞った寒椿を添えた美しさは見事。奥様お手製のデザートまで季節とご夫婦の心遣いを味わえます。

DATA
📞 082-236-6349
🏠 広島市中区中町4-23
　　鷺尾ビル1F
🕐 17:30～22:00
🈺 日曜
個室 あり／カウンター席 あり／ワンドリンク注文 必須
当日は15:00までの
完全予約制

店主　瀬川紀彦さん・みなさんご夫婦

18

📞 電話番号　　🏠 所在地
🈺 営業時間　☀昼　🌙夜　🈺 定休日
個室 個室　　カ カウンター席　ワ ワンドリンク注文

店舗データ

◎本全体について

【写真】取材・撮影時点（2022年12月～2023年3月まで）で撮影許可をいただいたものを掲載しています。料理写真の場合、季節や仕入れ状況などにより掲載内容と異なる場合があります。あらかじめご了承ください。【料理】メニュー・料金の表記は店舗の表記に従って掲載しています。消費税につきましては各ページでご確認ください。料理名の後に（コースの一皿）と表記がある場合の料金は、コースの料金です。【定休日】通常の休みを掲載しています。年末年始、ゴールデンウィーク、お盆休みなどについては直接お問い合わせください。【内容】調理方法、食材の仕入れ、産地・ブランド等は各店舗からの回答を元に原稿を作成しています。【取材期間】掲載のデータは2023年3月現在のものです。本誌発売後、お店の都合により変更される場合がありますのでご了承ください。

日本料理

List

永山

旬彩酒肴 おく村

阿津満

割烹 白鷹

美食処 こいじ

元念 瀬川

中島康三郎商店

田心

じ味 一歩

酒菜 山もと山もと

永山
-えいざん-

01 ウマヅラハギの肝和え
（コースの一皿）
🌙1万9000円

期待の若き料理人が魅せる真骨頂

　打ち水された敷石を渡り店内に入ると、飾り立てない空間が広がります。「花や掛け軸は置かず料理で季節感を出したい」と、「ゴ・エ・ミヨ 2020 〝期待の若手シェフ賞〟」を受賞した舛永さん。鮮魚仲卸『吉文』との信頼関係により、瀬戸内の極上の魚介が届きます。牡蠣筏に棲みつき養分を蓄えた鮮度抜群のウマヅラハギは、神経締めや脱水処理で手当てされた身の旨みと、肝の美味しさが格別です。

「命をいただく」日本料理の心

　上質な脂身と旨みの余韻が広がる「榊山牛」を、野菜や昆布から引く合わせ出汁と共に味わう至高の一皿。「生命力の強い素材をどう活かすか」を考え、食材に対する愛情と生産者への敬意から生み出された逸品です。入手困難な県内外の日本酒を多く取り揃えられており、希少な酒器でいただくのも至福のひととき。手入れの行き届いた包丁やまな板、調理する真摯な眼差しに、普遍的な魂が宿ります。

02 榊山牛の出汁しゃぶ
（コースの一皿）
🌙1万9000円

店主　舛永高太郎さん

DATA
📞070-4352-4891
🏠広島市中区幟町10-3
☀️12:00〜14:30
🌙18:00〜22:00
　※昼営業は水・金・日曜のみ
🈵月曜
🅿️あり　🚗あり　🅳なし
　※完全予約制

旬彩酒肴 おく村
-おくむら-

03 榊山牛の白味噌仕立て
（コースの一皿）

🌙 1万6500円〜

美味なる味わいを引き立てる京都の白味噌

　店を構えて20年。木の温もりを感じる広々とした店内では、京都出身の奥村さんが、旬を大切にした料理を提供されています。提供時間に合わせて出汁を引き、網焼きでじっくり旨みを引き出した「榊山牛」に、訪れた2月は新物のタケノコ、春は花山椒、秋はマツタケを添えた逸品。正月の雑煮に使われる特製白味噌で仕立てたお椀は、広島の食材と京料理の技が融合した一杯に仕上がっています。

至極の旬食材から生まれる一品を

　四季折々の食材を届けてくれる京都の市場や、生産者の元へ何度も足を運ばれます。冬の京都を代表する蕪蒸しは、上質なアマダイと伝統野菜の聖護院蕪に、香り高い京都のセリを散らしたあんをかけて。「皆さまに育てていただいた」と謙虚に語る奥村さんへ希少な食材が届くのも、そんな姿勢ゆえでしょう。酒器や抹茶茶碗はお客から譲られたものが多いという話からも、人柄が感じられます。

04

甘鯛の蕪蒸し
（コースの一皿）

☀7700円〜　🌙1万6500円〜

DATA
📞084-946-6866
🏠福山市春日町1-1-14
☀11:45〜14:30
🌙18:00〜22:00
休月・火曜、不定休
個あり　カあり　ドなし

料理長　奥村竜太郎さん

11

阿津満
あづま

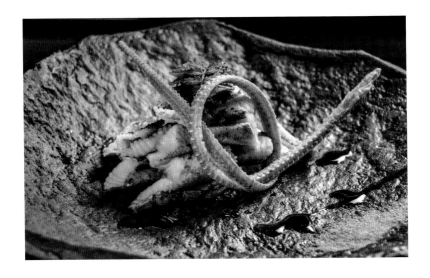

05 アナゴの白焼き
（コースの一皿）通常は取り分けての提供となります
☀️🌙 1万7000円、2万2000円、3万3000円（※サービス10%・チャージ5%別）

名匠が焼き上げる　広島名物絶品アナゴ

　樹齢200年の銀杏の木を使用した一枚板カウンター席に背筋が伸びます。京都の名店『京料理 まる多』での修業や、偉大な父の教えから生まれる、3代目店主のコース料理に舌鼓。信頼関係から届けられる活きのいいアナゴに、オリーブオイルを垂らして炭火でさっと炙った一品は、薫香をほんのりまとった絶妙な焼き加減です。仕出しやお食い初めの要望にも寄り添う、伝統を引き継ぐ銘店です。

時間と経験と愛情　完成する甘味

　「葛餅は、時間と固さの美学である」と、吉野本葛と宇治抹茶で練り上げた出来立ての葛餅は、とろけるような食感。じっくり煮詰めた黒蜜に、黒豆と編笠柚子が添えられています。伝統的な工程を経て完成させる黒豆は驚くほど柔らかく、上品な甘みを感じる逸品。多くの時間をかけた緻密な手仕事に感動します。「愛があるからね」とさらりと語る店主は、後進に惜しみなく技術を伝承されています。

06

葛餅
食材は季節によって変更します
☀ ☽ ※予約時に別途オーダー

DATA
📞082-231-3504
🏠広島市中区本川町2-5-20
🕐☀☽11:00〜23:00
休なし
🅿あり 🅒あり 🅓なし
　※前日までの完全予約制
　　（水・日曜、祝日は2日前まで）

13

割烹 白鷹
かっぽう はくたか

お造り盛り合わせ
（コースの一皿）

07

🍶 1万3200円、1万6500円、2万2000円

伊勢神宮御料酒「白鷹」と地元の旬のお造りを

　初代店主が「白鷹」を屋号にしたいと蔵元へお願いしたのが店名の由来となる、昭和34年創業の老舗です。ご縁は続き、全国唯一の伊勢神宮御料酒「白鷹」を呑めるのは、県内ではこちらだけ。美麗に盛り付けられた旬のお造りは、料理長が美味しいと考える約8時間後に提供できるよう準備されています。檜一枚板のカウンター席で、吉和の『植本わさび本舗』おろしたて生ワサビと一緒にいただきます。

発祥の店で味わってほしい広島名物

　広島のご当地グルメとして有名な「ウニホーレン」。昭和55年発刊の書籍(※1)で紹介されていることから、ウニホーレン発祥の店といわれています。甘みのあるホウレンソウと新鮮な瀬戸内産ウニをシンプルに味付けした、ウニの甘みと旨みが広がる名品。「良い食材に、いい意味で手を加えず、美味しさをダイレクトに伝えたい」と、素材の力を大切にされています。女将さんがやさしく握るおにぎりも人気です。

08　生ウニほうれん草バター炒め
🌙 時価

DATA
📞082-241-0927
🏠広島市中区流川町1-6
🕐🌙18:00〜23:00
🈲日曜、祝日
🈯あり　🅿あり　👔必須

店主　河口洋平さん

※1 昭和55年発刊の書籍『味で勝負』（著者：荻昌弘／発刊：毎日新聞社）

美食処 こいじ

09 地あなご刺身
🌙1700円

鮮度の良い活アナゴがもたらす至幸の一皿

　和食ひとすじ40年の寡黙な店主が営む、隠れ家的な和食居酒屋。瀬戸内産の魚介を中心に、野菜もできるだけ広島県産を使った旬の料理が揃います。鮮度の良さが命の地あなご刺身は、瀬戸内産の活アナゴをその日にさばいて提供。身だけでなく、丁寧に下処理された皮や肝まで、橙酢が香る自家製ポン酢でいただきます。地酒中心にお酒も豊富で、かなわ海産の生牡蠣や〆のトリュフご飯も人気です。

上海蟹と熟成酒の極上マリアージュ

　活き上海蟹を日本酒に漬けた後、特製の醤油ダレに漬け込む「酔っぱらい蟹」は、とろけるような身と濃厚なミソを味わえます。華やかな香りの大吟醸酒を加えているので、上品な香りと旨みの余韻が広がります。ペアリングするのはアルコール度数38.5度の純米濃縮熟成酒・醸献(じょうこん)。冬季に提供されるフグのヒレ酒も絶品です。
※上海蟹は10月中旬～12月の提供、1～4月はワタリ蟹に変更。

10　上海ガニ酔っぱらい
🌙9000円

店主　越路誠さん

DATA
📞082-541-0514
🏠広島市中区薬研堀2-17 ロータリービル1F
🕐🌙17:30～L.O.22:00
休日曜
個あり　カあり　ド必須

元念 瀬川
-がんねん せがわ-

11

1月の前菜
（コースの一皿）
🌙 1万5000円

四季の風雅が随所に宿る日本食の美しさ

　引き戸を開けて飛石を渡ると、木のぬくもりを感じる店内で迎えてくれるのは笑顔の柔和な店主ご夫婦。「季節が感じられる料理と器」をテーマに、丁寧な仕込みを感じられる料理を提供されています。1月の前菜には、松葉ガニと寒じめホウレンソウのおひたし、地物の牡蠣や茶ぶりなまこが並び、小雪の舞った寒椿を添えた美しさは見事。奥様お手製のデザートまで季節とご夫婦の心遣いを味わえます。

店主　瀬川紀彦さん・みなさんご夫婦

DATA
📞082-236-6349
🏠広島市中区中町4-23
　鷲尾ビル1F
🕐 🌙17:30〜22:00
🈹日曜
🈂️あり 🈂️あり 🈂️必須
※当日15:00までの
　完全予約制

中島康三郎商店
— なかしまこうざぶろうしょうてん —

12

子持ちあゆの春巻き
（コースの一皿）

🌙 7800円、1万800円、1万5800円（サービス別）

一期一会の料理に銘酒「黒龍」を合わせて

　「この店でしか味わえない旬の料理を」と、全国から届く魚を中心に一期一会の料理を堪能できます。丸ごと味わえるよう丁寧に手をかけられた子持ちあゆの春巻きは、旬の名残りを愉しめる一品。肝ペーストと一緒に味わいます。県内随一の品ぞろえを誇る福井の銘酒「黒龍」と共に、コースの〆にはのど越しの良い手打ち蕎麦を。行き届いたサービスが感じられる『料理一門会 笹組』の旗艦店です。

店主　中島幹正さん

DATA
📞082-246-9070
🏠広島市中区薬研堀3-17
🕐17:30〜24:00(L.O.23:00)
🈺日曜
　※月曜が祝日の場合は営業、
　　月曜休み
🈯あり 🅿あり 🅳必須

田心
でんしん

13 田心のお昼ごはん
☀2500円

父がつくる米と野菜　伝えてくれる田の心

　安芸高田市の清流で育まれる完全無農薬の米と野菜が主役。育てた大豆で味噌を
つくり、梅干しも塩分濃度を抑えて手づくりされています。炊き立てご飯と味噌汁に、
訪れた日は黒胡麻和えや卯の花、高宮鶏と里芋のみ
ぞれあんかけがお目見え。和食の美味しさが心にま
で沁み渡ります。磨き抜かれた吉野杉のカウンター
には目を引く燗銅壺が。夜は、燗した地酒とともに、
野菜や魚がメインの料理をいただきます。

店主　田中晋一朗さん

DATA
📞082-236-7117
🏠広島市中区中町1-17 フクモトビル1F
☀11:30〜14:00(L.O.13:30)
🌙18:00〜22:00(L.O.21:30)
　※昼営業は火〜木曜のみ
🈂日曜、祝日
個あり　カあり
ド必須(ディナー時のみ)

じ味 一歩

-じみ いっぽ-

14 真魚鰈 野菜炭焼き 藁の香り 出汁香る金時人参 発酵野菜 ハコベ
（コースの一皿）

🌙8800円

個性的なまちで味わう　野菜×発酵×出汁の料理

　地の味、滋味、地味と3つの意味を込めた店名通り、つながりのある生産者の野菜を中心に、明日への活力になる料理を提供されています。自家製の発酵調味料や、スパイスの効いた和出汁を使ったコースは、仕込みから一切の手間を惜しみません。生産者の苦労を知るために、米づくりにも挑戦されるほど。基町アパートを「個性的で変化と可能性に溢れる場所」と話す店主の料理もまた、進歩し続けています。

店主　河邊一歩さん

DATA
📞082-836-4670
🏠広島市中区基町19-2
　基町ショッピングセンター429号
🌙18:00〜20:00に入店
休 日曜
個 なし　カ あり　ド 必須

酒菜 山もと山もと
しゅさい やまもとやまもと

15	自家製つくね
	380円

謹製　山もと山もとの特別なつくね

　旬の食材を使った多彩な料理をはじめ、「広島熟成どり」や「広島赤どり」の焼き鳥も愉しめる、繁華街の雑居ビルにある居酒屋です。その中でも、外はさくっと中はふんわり、出来立てのつくねがおすすめ。鶏ミンチにレンコンやヤマトイモなどを加えた柔らかいタネは、パン粉を付けてフライパンで焼いた後、土佐備長炭で仕上げます。手間ひまかけた一品で、注文を受けた後、丁寧に調理されています。

備長炭で炙る　風味豊かなあつあげ

　島根県雲南市産『豆腐工房しろうさぎ』のやわらかい木綿豆腐を素揚げした後、備長炭でさっと炙った一品。シンプルにダイコンや薬味をのせ、奥出雲産『森田醤油』をかけていただきます。合わせるのは、酸の効いた日本酒。冷酒や燗酒、焼酎、ウイスキーなどお酒のラインアップも豊富です。「食材も人も、ご縁でつながっています」と笑顔を見せる謙虚な店主の人柄が、お客様を惹きつけて止みません。

16 自家製あつあげ
🌙600円

店主　山本將生さん

DATA
📞082-248-1777
🏠広島市中区流川町5-19
　カサブランカビル2F
🕐18:00〜翌2:00(L.O.翌1:00)
🈑不定休
個なし　カあり　ド必須

西 洋 料 理

- ・フランス料理
- ・イタリア料理
- ・イノベーティブ料理

List

中土 NAKADO

DIRETTO

Stellare

6ème

La Libellula

LUONTO

料理屋 Fournir

L'AMPHITRYON

Petit Wakano

中土　NAKADO
なかど

17　シカのタン
（コースの一皿）

☀1万6500円　🌙1万9800円

絶妙な食感　驚きと感動の希少な逸品

　「広島にはもっといい食材があるはず」と探し続けて出会った、『DEER LABO』が
提供する鹿肉。従来廃棄されていたタンを全て買い取り、丁寧に下処理されていま
す。低温調理の後、稲わらの燻香をほんのりまとわせたタンは絶妙な食感で、焼き
ネギのジュとの相性も抜群。「日本、世界からわざわざ来てもらう店でありたい」と、
NAKADOでしか味わえない一皿のために、広島の食材探しは続きます。

イノベーションを起こし続ける和魂洋才

　「料理人は食材がないと何もできないですから」と、常にリスペクトを忘れず産地へ赴き、生産者と対話した食材ばかりが揃います。美しく盛り付けられたサラダは、添えられているソースやピュレまで愉しみな一皿。約60種の野菜が一つ一つ美味しくなるよう適した調理をされています。地元・北広島町活性化のために自社農園をはじめるなど「現状維持は衰退」と語るシェフの将来を見据えた行動に目が離せません。

中区／フランス料理

18　野菜プレート
（コースの一皿）
☀1万6500円　🌙1万9800円

DATA
📞なし
　※Webより予約可
🏠広島市中区堀川町4-18 胡子 GRIT 5F
🕐☀12:00～14:30(ラストイン12:30)
　🌙18:00～22:00(ラストイン20:00)
🈑不定休
🈂あり　🈁あり　🈂必須
　※完全予約制

オーナーシェフ　中土征爾さん

27

19 「榊山牛」骨髄のフォカッチャ
（コースの一皿）
非公開

シェフズテーブルで劇場型イタリアンを

　三次の山桜を使い、宮島の鳥居を模した『五十六製作所』の椅子がずらりと並びます。「できたてが美味しい」と、パン生地やパスタ麺なども目の前でつくり上げる職人魂は、圧巻。ひたむきに料理に向き合う姿に魅了されます。鮮度の良い「榊山牛」の骨髄を使ったフォカッチャは、ローズマリーが香る焼きたての格別な味わい。店主自らが探し求めた瀬戸内の素晴らしい食材に、季節ごとに出会えるお店です。

食材に敬意をもって向き合った逸品

　「食材への探求心がしつこいんです」と笑う店主の、生産者への敬意が随所に感じられます。「榊山牛」の中でも希少なイチボの先端部分は、柔らかく旨のある味わい。紀州備長炭でストレスをかけずゆっくり火入れを行い、最後に、椅子をつくる工程で出たおがくずで薫香をまとわせます。器も椅子と同じ作り手の作品。冬季は店主自ら狩猟も行うほど、料理へ向き合う一貫した想いが伝わります。

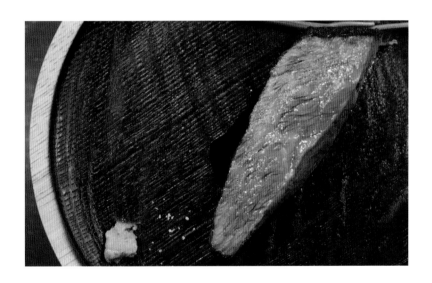

20　「榊山牛」イチボのロースト
（コースの一皿）
非公開

DATA
☎ 非公開
🏠 非公開
🕐 非公開
休 非公開
🚃 非公開　カ 非公開　ド 非公開
※お客様に十分な対応ができない点を配慮された店主の
　ご要望により、情報非公開での掲載とさせていただき
　ました

DIRETTO
ーディレットー

21 木下牛のウチヒラ
（コースの一皿）
☀🌙 1万6500円

五感が満たされる至高のコース

　焼台で燃える炎と、薪がはぜる音に迎えられた穏やかな空間で、厳選食材をシンプルに提供するシェフ渾身の料理がスタートします。炎が熾火になるころ、滋賀県の木下牧場で生まれ、自家配合のエサで育った近江牛「木下牛」が焼き台に。部位や大きさなどを見極め、熾火を操って焼き上げます。「薪の、シンプルで原始的なところが好きなんです」と、森を守るために間伐した芸北の薪を使用されています。

五穀鴨の美味しさが詰まった一皿

　岡山産の五穀鴨をあますところなく使い、岐阜県『BON DABON』のペルシュウ（生ハム）で旨みを引き立てた逸品。鴨肉やペルシュウ、ハーブなどを焼いて裏ごし、口当たりの良いペースト状にして包んだラビオリを、コクのある澄んだスープと一緒に味わいます。「足さないところが好き」と、イタリアのナチュラルワインは充実の品揃え。料理にも通じるシェフの一貫した姿勢がうかがえます。

22

鴨のラビオリ
（コースの一皿）

☀🌙 1万6500円

DATA
📞070-8338-4140
🏠広島市中区富士見町5-16
🕛☀12:00〜15:00
　🌙18:00〜22:00（ラストイン19:30）
🈺不定休
🈳なし　🅿あり　🅳必須

オーナーシェフ　杉野貴政さん

Stellare
ステラーレ

23

梶岡牛ブラウンスイスのロースト
（コースの一皿）

🌙1万3200円

Speranza "希望" にさらなる Stellare "輝き" を

　イタリア料理『Speranza』の2階にオープンしたリストランテ。大谷石を使った洗練された空間で、マダムの笑顔に迎えられます。山口県『梶岡牧場』で長期肥育されたブラウンスイス種は、赤身の旨みが抜群。肉本来の味わいを引き立てるマルサラ酒のソースと共に、セルフィーユの根を添えて。有田焼『カマチ陶舗』の器や福井県『龍泉刃物』のカトラリーも素晴らしく、食事の愉しみを最大限に引き出しています。

素材の妙が織りなす余韻に浸れるドルチェ

　ハーブとスパイス香るシロップに漬け込んだダックワーズを、ピスタチオのカスタードクリームで包み、八女茶のジェラートを添えて。レストランデザートとして、希有な逸品です。ソムリエールでもあるマダムが見立てたペアリングも見事で、テロワールにも着目した料理に寄り添うイタリアワインに、食後酒のグラッパも豊富。ご夫婦のおもてなしが心地よく、お腹も心も満たされる至福のひとときです。

24　八女茶のジェラート　ピスタチオのクリーム添え
（コースの一皿）
🌙1万3200円

DATA
📞082-232-3997
🏠広島市中区小網町6-23石本ビル2F
🕐18:00〜22:00(ラストイン19:30)
🈺火・水曜
🈳なし　🅿なし　🅳必須
※前日までの完全予約制

店主　石本友記さん・薫さんご夫婦

6ème

ロクエメ

25 馬肉のタルタル かなわのカキ 梶谷農園のハーブ

🌙975円

秀逸な味覚センスをもつシェフが生み出す一皿

　北欧のガストロノミーをイメージさせるミニマリズムな店内。「フレンチにこだわらずボーダレスです」とシェフの自由な発想から生まれる料理も、心地よいご夫婦のサービスも自然体です。熊本産馬肉とかなわ海産の生牡蠣のタルタルは、素材を活かしたやさしい味わいの中にも個性が光る一皿。好きな生産者から食材を仕入れ、ボトル差があり人間らしさが感じられるというナチュラルワインをセレクトされています。

六感で愉しむ奥深きデザート

　華やかな香りと上質な甘みに、テクスチャも愉しめる一品。白色でまとめられたホワイトチョコのムースやメレンゲ、ブラジル産トンカ豆の香りをまとわせたアイスクリームに、季節のフルーツで彩りを添えます。「香り×香り、酸味や塩味の組み合わせにより変化していく料理は一期一会」と語る、パティシエ経験もあるシェフ。繊細な手仕事が感じられるデザートにもまたワインが寄り添います。

26 ホワイトチョコムースとトンカ豆のアイス
🌙700円

店主　玉井宏明さん・芽衣さんご夫婦

DATA
📞082-207-1600
🏠広島市中区大手町3-13-18
　松村ビル103A
🌙18:00〜23:00
休 日・月曜　個 なし　カ あり
🅿 必須
　※ご新規の場合、半数以上
　　のお客様はアルコールオー
　　ダー必須
　※チャージ300円(パン)

La Libellula
ラ リベッルラ

	ハトのロースト
27	（コースの一皿）

🌙 8500円、1万1000円

イタリアへの敬愛を込めた伝統と進化の融合

　12年間、フィレンツェの5つ星ホテルなどで腕を振った店主が次のステージに選んだのは、海と山があり、食材も豊富な広島でした。生産者と交流しながら、野菜づくりにも挑戦されています。低温でローストした窒息ハトは、滋味深い味わい。古い文献から再現した伝統的な料理から、進化と季節を感じる「瀬戸内イタリアン」を表現。トスカーナの由緒あるワイナリー『ANTINORI』のワインも豊富です。

DATA
📞082-909-2074
🏠広島市中区袋町7-11 50ビル4F
🍽● 11:30～15:00(L.O.13:30)
🌙 18:00～21:30(L.O.19:30)
休日・月曜
個なし カなし ドなし
※前日までの完全予約制

店主　佐藤惠一さん

LUONTO
－ルオント－

28 カンパチのカルパッチョ　安芸高田の鹿
瀬戸のもち豚　ビーツのガスパチョ
☀🌙1000円

自社栽培の西洋野菜で彩るトスカーナ料理

　「生産者の顔が見える食材」を大切に、安芸高田『DEER LABO』の鹿肉と福山「瀬戸のもち豚」で、トスカーナの郷土料理「ソプレッサータ」を表現。脂ののったカンパチと一緒に、自社農園で育てたビーツのガスパチョソースでいただきます。食感や爽やかな酸味とのバランスも愉しめる、目も舌も喜ぶ一皿。ナチュラルワインのセレクトも、スタッフの心地よいサービスも抜群のお店です。

店主　桐島大陽さん

DATA
📞084-924-5570
🏠福山市三之丸町4-12
🕐☀11:30〜15:00(L.O.13:30)
　🌙17:30〜22:00(L.O.21:00)
🚫不定休
Ⓟなし　Ⓚあり
Ⓓ必須(ディナー時のみ)

料理屋 Fournir
― フルニール ―

29 フォアグラサンド
🌙時価（通常コースは9900円）

異彩を放つ期待の若手シェフ

　クルーズ客船の料理人なども経て、各国の食に触れた若きシェフ。はちみつでマリ
ネし、ゆっくり火入れしたフォアグラのテリーヌは、カリカリに焼いた「パン・デピス」
でサンドして。スパイスの香りと甘みが絶妙に溶け
合います。焼きたてのブリオッシュや、スパイシー
な調味料「デュカ」で味付けしたフライドチキンな
ど、クラシカルをベースに創意と遊び心溢れるコー
ス料理を提供されています。

オーナーシェフ　竹内崚恭さん

DATA
📞080-6323-5999
🏠広島市中区胡町3-23
　エビスビル202
🕕18:00頃～ ※応相談
🈺不定休
🈳なし 🅿あり 🅳必須
　※前日までの完全予約制
　※新規お客様は最大4人まで予約可

L'AMPHITRYON

―アンフィトリオン―

30 オードブル盛り合わせ

☀ 🌙1320円

正統派フランス料理を気軽にワインと共に

　「現地を訪れたことがある人にこそ食べてほしい」と伝統に根差した郷土料理を提供されています。ビーツのサラダやパン・デピス、ホロッとほぐれる豚バラのリヨンなど、ワインと共に愉しめる一皿。デザートまでマリアージュを提案してくれます。仏・星付きレストランなどで技術を習得され、カープ好きが高じて東京から移転されたシェフ。食材へのこだわりも強く、本場の料理が味わえるビストロです。

オーナーシェフ　佐藤一也さん

DATA
📞080-9139-9256
🏠広島市中区八丁堀1-8 エイトビル1F
🕐🌙14:00～24:00
休不定休
個なし　カあり　ド必須

Petit Wakano
ープティ ワカノー

31 お魚のジャガイモ包み焼き
🌙1400円

ベル・エポックな新ビストロ料理

　オーナーシェフの若野さん率いる『Brasserie Wakano』の2号店。満瀬シェフの
エッセンスが加わった料理を、気軽に愉しめるビストロです。魚のアラから丁寧に仕
込んだ「スープ・ド・ポアソン」は、奥行きのあるソー
ス仕立てに。旬の白身魚を包み、カリッと香ばしく
焼き上げたじゃがいものガレットとよく合います。
とことん追求する研究熱心なシェフのさらなる飛躍
も愉しみです。

DATA
📞082-207-3412
🏠広島市中区中町4-14
🕐17:00〜22:00(L.O.21:00)
🈺火・水曜
個なし　カあり　ドなし

シェフ　満瀬真秀さん

各 国 料 理

- ・ ベトナム料理
- ・ 多国籍料理

List

CHILAN

Parfum de Lune

CHILAN

チラン

32

峠下牛イチボの薬膳スープ
（コースの一皿）

☀ 2万円（ドリンクのペアリング料金も含まれます）

フレンチの技が光るベトナム料理とナチュラルワイン

「RED U-35」で岸朝子賞を受賞するなど新進気鋭のシェフが振る舞う、母の味が
ルーツのベトナム料理。スパイスの香りや発酵調味料の旨みをやさしいアクセント
に、四季を感じる瀬戸内食材とフレンチの技を融合させたコースを愉しめます。竹原
の「峠下牛」に熱々の牛テールスープをかけた逸品は、オーナーソムリエセレクトの
ナチュラルワインと一緒に。自宅に招かれたような最上のひとときを。

DATA
- 📞 なし
  ※公式HPより予約可
- 🏠 廿日市市阿品4-2-39
- ⏰ ● 12:00〜15:00
- 🈺 月・金〜日曜
- 🅿 なし　🅲 あり　🅳 必須
  ※前日18:00までの完全予約制
  ※6〜8名様の貸切に限り、ディナーもしくは
  通常営業日以外でも相談可

藤井千秋さん(左)と
ドグエン チランさん(右) ご夫婦

43

Parfum de Lune
－パフアム ドゥ ルンヌ－

33

前菜18種盛り
（コースの一皿）

☀6000円 🌙6600円

多彩なシーンに寄り添う魅惑のレストラン

　世界中の星付きレストランや有名ホテルを訪れたオーナーが「多様性」をコンセプトに、食・ワイン・インテリアにこだわった魅惑のレストラン。1階にはデリのテイクアウトをはじめ、スタイリッシュなカフェレストラン、高級感のある個室を用意。和・洋・アジアそれぞれの料理人が腕を振るい、多彩な料理を盛り合わせた18種の前菜は圧巻です。6階のサロンでは、優雅なアフタヌーンティーも愉しめます。

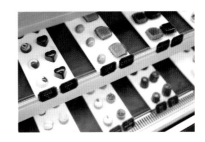

オーナー　香月孝史さん

DATA
📞 082-554-2055
🏠 広島市中区三川町2-3 ING BLD.
☀🌙 11:00〜23:00(L.O.22:00)
　※ランチタイム L.O.13:00
🈺 不定休
🈟 あり　🅿 なし　🈂 なし

肉料理・寿司・蕎麦・
和食・洋食・テイクアウト

List

馬上畜産

和牛lab K

DEER LABO 安芸高田

鮨松

蕎麦屋 香月

糠漬工房 nipote

et sona

やさしいごはん

かつ処 豚笑

田丸屋

くろべん

馬上畜産

愛情と手間をかけて
最高の能力を引き出したい

県内はもちろん、県外の多くの料理人や美食家たちの舌をうならせている「榊山牛」。
なぜ高い評価を得るようになったのか。
その理由には、長期肥育と自家配合のえさ、そして何よりも牛飼いとしての想いがありました。

32カ月以上の長期肥育で誕生した「榊山牛」

取材時に、部外者は立ち入ることができない牛舎を案内してくれた馬上さん。一頭一頭の牛の様子を見ながら

「この業界に入る前に、バイキングに行ったんです。おいしくないといわれながら食べられる牛がかわいそうだと思いました。この子たちをおいしく育て、『牛生』をまっとうさせてやりたい、最高の能力を発揮させてやりたいと思います」

と、牛を「この子」と呼ぶ馬上さんと一緒に過ごす牛たちとの間には、愛情深い心が感じられました。

馬上畜産 代表　馬上 幸治さん

「榊山牛」の最大の特徴は、長期肥育です。

肥育期間が長いほど、お肉の香りや旨みが増し、上質な脂身に変化する、と言われます。一方で、同時にえさ代や病気、けがのリスクも高くなってしまいます。そのリスクを担ってまで長期肥育へ挑戦するきっかけとなったのが、「焼肉ふるさと」海田安章代表との出会いでした。同社が仲買から精肉加工まで一貫して引き受ける、この信頼関係により、極上の和牛「榊山牛」が誕生しました。

さらに「肉をつくるのは、えさですから」と選び抜いた材料で毎日、飼料を作っています。広島県産を中心とした国産の飼料などを独自に配合、成長過程によって配合内容を変えるまさにオーダーメイド。また、牛が自由に飲む水は熊野の湧き水で、近くに酒蔵があることからも、良質の水であることがうかがえます。

馬上さん自ら買い付けた子牛は、性格や相性の良さを見極めた後に個室へ移動させます。けがをしないよう角を切る牧場もあるなかで、「痛い思いをさせたくない」と徐角はされていません。

これらは全て「ストレスなく幸せに過ごせるよう、最高の環境を用意してやりたい」という馬上さんの想いからです。

出荷後、焼肉ふるさとから生産者である馬上さんにも精肉が届けられます。

「個体識別番号から、牛の姿が目に浮かぶ」と、育てた牛への感謝を忘れず自ら食し、その味わいを記録し続けています。また、「取扱店で丁寧に調理されたお肉を食べられるのも、生産者にとって何よりの喜び。『こんなにおいしいのか』と思うと同時に、さらにおいしい肉を目指す活力になっています」と、馬上さん。

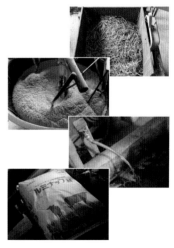

取材に訪れた2022年12月、血統的優位と牛の体力を見極めた上で、40カ月の長期肥育に挑戦される姿がありました。

生産者、仲卸、料理人が互いをリスペクトし、信頼関係のつながりから生まれた広島の「榊山牛」が、世界ブランドとして知られる取り組みがはじまっています。

「榊山牛」が食べられる
本誌掲載のお店
● 永山(P8)
● 旬彩酒肴 おく村(P10)
● NICON
● 和牛 Lab K(P50)

和牛lab **K**
ケイ

34 朝挽きサガリのお刺身
（コースの一皿）
🌙1万1000円

匠の系譜を継ぐ　伝承の技

　好みに合わせて、朝挽きされた「榊山牛」ホルモンの刺身が味わえる、全国でも稀有なお店です。その中でもサガリは、鮮度抜群の食感と肉本来の旨みが広がる逸品。刺身や焼き物だけでなく、生ハムや牛骨出汁の茶わん蒸し、鰹出汁が香るしゃぶしゃぶなど、「榊山牛」を余すことなく愉しめるコースです。料理家・平野寿将さんを父に持ち、「馳走啐啄 一十」で培った技術が料理をより引き立てます。

多彩な料理で味わい尽くす「榊山牛」

　目の前の焼き台では、焼き師を務める平野シェフが部位毎に絶妙な焼き加減に仕上げてくれます。バリエーション豊富に堪能してほしいと、レア気味に火入れしたサーロインは、こんがり焼いた自家製パンに挟んでステーキサンドに。「榊山牛」ならではの上質な脂身と、秘伝のソースによる絶妙な調和を感じられる一品です。「榊山牛を広島を代表する食材に」と語る、平野シェフの情熱が伝わります。

35

榊山牛のステーキサンド
（コースの一皿）
🌙1万1000円

DATA
📞082-238-4848
🏠広島市西区三篠町3-12-5
🕐🌙18:00〜23:00
🚫不定休
🈲なし　🅿️あり　📶なし
　※完全予約制
　※昼は限定1組の予約可

オーノーシェフ　平野勝士さん

DEER LABO 安芸高田

―ディア ラボ あきたかた―

36 鹿のグリーヴェ

☀ 🌙 時価（イベントにより異なる）

いのちを育むサステイナブルな身土不二

　食のWEBマガジン「おいしんぐ！」を手掛ける『iD』の代表、金沢さん。安芸高田の獣害問題を知ると同時に、素晴らしいハンターとの出会いがありました。「鹿肉の美味しさを知ってもらいたい」と、「Premium DEER 安芸高田鹿」をプロデュース。古民家を再生したコミュニケーション拠点では、地元食材の魅力を発信するため、ゲストシェフを招いたレストラン営業や小学生向け食育イベントを開催されています。

代表取締役　金沢大基さん

DATA
📞 なし
🏠 安芸高田市向原町坂1246
🕐 イベントにより異なる
🈂 イベント時のみ営業
🅿 なし　🅒 なし　🅓 なし

鮨松
すしまつ

37 牡蠣の握り
（コースの一皿）
🌙1万3200円

実直な店主が挑む　旬の一貫

　瀬戸内の魚介を中心に江戸前仕事をほどこした握りと、旬の食材を使ったつまみの
コースを提供されています。煮ハマグリを模した江田島産牡蠣の握りには、柚子皮を
しのばせて。赤酢を効かせた固めのシャリとのバラ
ンスが絶妙です。女将が厳選した季節や米の旨みを
感じる日本酒と共に、アナゴの炙りやマナガツオの
炭焼きなど、ひと手間かけたつまみもうれしい。ご
夫婦の心地よいサービスも魅力のお店です。

店主　松﨑崇さん・あすみさんご夫婦

DATA
📞082-569-5171
🏠広島市南区京橋町
　8-11 1F
🕐18:00〜22:00
🈑月曜
🚭なし　🅿あり　🅳なし
※前日までの完全予約制
※毎月1日の10時〜
　翌々月分の予約受付

蕎麦屋 香月
-かつき-

38　盛り蕎麦 黒　ランチ巻き寿司
☀1200円（盛り蕎麦 黒）＋300円（ランチ巻き寿司）

絶品の巻き寿司　石臼挽きの手打ち蕎麦と

　厳選した蕎麦の実を、皮ごと石臼で挽いた十割の盛り蕎麦「黒」は、豊かな香りが愉しめます。お蕎麦と共におすすめしたい逸品は、巻き寿司。イカやウナギの旨みに、椎茸べっこう煮と玉子の程よい甘さ、ミツバの爽やかさが三位一体の絶妙な味わいです。「修業先の大将の味を絶やさず、引き継ぎたい」と手を抜かず、丁寧につくられています。「広島で一番の蕎麦屋になる」と、香月さんの挑戦は続きます。

店主　香月健吾さん

DATA
📞082-295-2275
🏠広島市中区十日市町1-1-21
🍴11:00〜14:00
🌙17:00〜21:00(L.O.20:30)
　※夜営業は月・木曜のみ
🏠水曜、不定休
🅿なし　🅒なし　🅓なし

糠漬工房　nipote
－ニポテ－

39 鮮魚のポワレ
🌙 1480 円

ぬか漬け専門店でいただく新感覚の一皿

　伝統食のぬか漬けを洋食にアレンジした料理が並びます。鮮度の良い米ぬかに、天然水や天日塩、植物性の材料を独自に合わせたやさしいぬか床。野菜だけでなく、魚や肉も漬け込みます。浅漬けにしたサワラは皮目からゆっくりポワレして。規格外の野菜を積極的に使い、捨て漬け野菜も廃棄せずドレッシングにするなど、ラボのような空間で試行錯誤を繰り返す同級生コンビ。発酵と熟成の可能性が広がります。

代表　達川雄策さん　　シェフ　藤原晋介さん

DATA
📞082-909-9350
🏠広島市西区三篠町2-6-15
🕐☀12:00～14:30
　🌙18:00～22:00(L.O.21:00)
　店頭販売 12:00～22:00
🈺火曜、不定休
⬛なし　カあり　Dなし
　※卸売りは店舗に問い合わせ

et sona

エソナ

非公開／創作料理

40　10品のコース
☀4620円

心豊かな暮らしから教わる　食の豊かさとは

畑に隣接する古民家を DIY でリフォームして、野菜をつくりながら一日一組のレストランを営業。東京でワインバーを営んでいたご夫婦の第2章がはじまりました。摘みたてのハーブを盛り合わせた冬のサラダは、苦味と甘味が同居する力強い味わい。瀬戸内の柑橘を添えた肉料理など多彩な料理を提供されます。ソムリエールの奥様がセレクトするワインも素晴らしく、コースの〆には香り高いハーブティを。

DATA
- 📞 非公開
  ※2日前からWebサイトから予約
- 🏠 非公開
- ☀ 11:30〜15:00の間でスタート
- 🈳 不定休
- 🅿 なし　📶 なし　🈁 必須
  ※1日1組(4名まで)
  ※完全予約制
  ※12歳以下、入店不可
  ※支払いは現金のみ

岡崎睦さん・かおりさんご夫婦

やさしいごはん

41 薬膳ランチ
☀ 2200〜2500円

中医薬膳を生かした癒やしのランチタイム

「食材全てが薬膳にあてはまり、特別なものではないんです」と、中医薬膳指導員の資格を持つ店主がつくる美味しい薬膳ランチ。『梶谷農園』のハーブなど、納得のいく有機野菜を探し求めるところから始まり、組み合わせを考え抜いた料理が並びます。季節ごとの体調に配慮した、化学調味料不使用のやさしい味わい。のどかな風景を眺めながら、「薬膳をぜひ家庭に取り入れて」と話す笑顔にも癒やされます。

店主　味岡美佳さん

DATA
📞 非公開
　※予約は Instagram にて
🏠 安芸郡熊野町川角1-1-1-10
🕐 ☀ ランチ11:30〜14:30
　☀ カフェ14:45〜16:00(L.0.15:30)
🈺 不定休
🈲 なし　🅿 あり　🐕 なし

かつ処 豚笑
とんしょう

42 TOKYO Xロースかつ定食（200g）
☀🌙4411円

美味しい肉への追求から生まれる挑戦

　各種取り揃えられたプレミアムな豚の銘柄の中でも「TOKYO X」がおすすめです。厚めにカットされたお肉は適度な火入れで、パン粉の目の粗さも選べます。白米もしくは玄米に、お味噌汁は2種から選択。甘みのあるグリーンボールを使用したサラダは、手づくりドレッシングでいただきます。自家製白菜の漬物も美味しく、有機ルイボス茶を提供されるなど妥協なき仕事ぶりがうかがえます。

DATA
📞084-982-7520
🏠福山市南蔵王町2-25-33
🕐☀11:00〜15:00（L.O.14:00）、
　🌙水〜金曜17:30〜21:00
　　（L.O.20:00）
　🌙土・日曜、祝日17:00〜21:00
　　（L.O.20:00）
🈺月・火曜、不定休
🈳なし 🅿あり Ⓓなし
　※未就学児入店不可、席の予約不可

店主　小幡浩太郎さん

田丸屋
たまるや

43

本日のコースランチ
（メインはお肉またはお魚料理から選択）
☀ 2800円

情緒ある古民家でいただく沼隈の味

「先人が残した建物や風情を伝承し、沼隈町の活性化につなげたい」と、築約80年の古民家を改修。美しく手入れされた庭を愛でつつ、地元産食材で織りなす料理を和空間で味わえます。旬の野菜スープに、「瀬戸のもち豚」ハンバーグ、酒種や季節の果実からつくる自家製天然酵母パンに舌鼓。田中代表が営む酒屋『田中商店』でセレクトしたナチュラルワインと共に、非日常の豊かなひとときを過ごせます。

代表　田中靖啓さん

DATA
📞084-988-0639
🏠福山市沼隈町中山南713-1
🕐☀12:00〜15:00
　　🌙18:00〜22:00(L.O.21:30)
　　※昼営業は土・日曜のみ
🚫月〜水曜
🔶なし　🅿なし　👔必須(ディナー時のみ)
　　※前日までの完全予約制

代表　田中靖啓さん

くろべん

44 のり弁 鮭塩こうじ焼
☀🌙840円

日本料理店監修　上質な海苔から生み出されるお弁当

　海苔卸『黒田海苔店』が営む、のり弁当専門店。塩こうじ
で旨みを引き出し、ふっくらと焼き上げた大きな鮭に、丁寧
につくられたおかずが少しずつ盛り付けられています。鰹
節と刻み海苔を敷き詰めたご飯を2層に、「追い焼き海苔」
も添えて。最後まで美味しく味わえる工夫が随所に感じら
れます。青海苔入り特上海苔や有機栽培米を使用するなど、
厳選された食材とアイデアが詰まったお弁当です。

盛師　半澤志都さん

DATA
📞082-836-7477
🏠広島市中区八丁堀13-22
☀11:30〜14:00
🌙16:00〜21:00
　※いずれも売り切れ次第閉店
🈺不定休
個なし　カなし　ドなし

パン・スイーツ・
カフェ・バー・その他

List

LA MYSTÈRE

Pâtisserie Véritable

六感chocolate

丘の上のつるばらや

紅茶専科　紅一門

The Bar TopNote Ⅲ

Wine Bar Oenophile

Le Clos Blanc

Metcha Monte

FLAT sake bar

HIROSHIMA NEIGHBORLY BREWING&CRAFT BEERと炭火『はればれ』

歴清社

やまとや酒舗Naka-machi

LA MYSTÈRE
ラ ミステール

45 クロワッサン ラヴィエット
☀︎🌙454円

フランスのエスプリを感じるクロワッサン

　国内外でパン講師として活躍したオーナーが、「本場フランスに負けないクロワッサンを本気でつくる」と、手間暇かけて焼き上げた逸品。天然酵母を使って熟成させた生地に、フランスの発酵バター「ラヴィエット」を惜しげもなく均一に折り込み、しっかりと発酵させる、妥協なき姿勢がうかがえます。トースターで軽く温めると、発酵バターの豊かな風味とサクサクの食感がよりアップするのでおすすめです。

DATA
📞082-542-6311
🏠広島市中区紙屋町
　1-5-7-2
🕐☀︎🌙10:00〜20:00
🈺月曜
個なし　カあり　ドなし

オーナー　瀬川良太郎さん　瀬川大志郎さん

Pâtisserie Véritable

－パティスリー ヴェリターブル－

46 モンブラン
☀650円

絶妙な調和を奏でる芸術的モンブラン

　東京の名店で修業し、数々の受賞歴のあるパティシエが、「素材と製法にこだわり、質の高いお菓子を」と、美しくシズル感ある作品を生み出しています。繊細なテクスチャで仕上げたモンブランは、アーモンドプードルと黒糖を隠し味に使ったメレンゲを、香ばしく風味豊かに焼き上げています。軽やかでコクのあるマロンクリームとのバランスも格別。上品な甘さの「ガトーセゾン」や焼き菓子もおすすめです。

オーナーシェフ　乾真悟さん

DATA
📞082-554-5703
🏠広島市西区観音本町1-11-2
🕚🌙11:00〜18:00
🈺月・火曜、不定休
🅿なし　🅺なし　🅳なし

六感chocolate
ろっかんチョコレート

47　リッチミルフィーユ
☀🌙690円（イートインはケーキセットのみでの提供）

高いデザイン性に魅了される優美なスイーツ

　フランスの五つ星ホテルで研鑽を積んだパティシエールとオーナーが生み出す、洗練されたデザインが魅力のケーキ。初雪から着想を得たリッチミルフィーユは、ほろ苦いココアのパイ生地と、フランボワーズのガナッシュとの相性が抜群です。技術と手間を要する逆折り込み製法のパイ生地は、風味と食感も秀逸。スタイリッシュな店内には花を敷き詰めたテーブルもあり、華やかな気分でイートインを。

DATA
📞082-224-5556
🏠広島市中区鉄砲町7-2
🕐☀🌙11:00〜19:00
　※日曜、祝日は〜18:00、
　イートインは閉店の1時
　間前まで
🈺不定休
🅟なし　🅒あり　🅓なし

オーナー　中尾慶子さん(左)
パティシエール　後藤優子さん(右)

丘の上のつるばらや
-おかのうえのつるばらや-

48　茶花茶
☀660円（スイーツは別途料金）

バラと世羅茶で心豊かなひとときを

　平家谷の丘の上にある、木造校舎をリノベーションしたローズガーデン専門店。春はたくさんのバラで彩られる庭を愛でながら『TEA FACTORY GEN』のお茶やスイーツを愉しめます。世羅の大地で育った茶葉に、手摘みの茶花を加えた「茶花茶」は、やさしい香りにすっきりとした味わい。兄が育てたお茶を、妹であるなずなさんが淹れる特別な一杯を、静かに時が流れる教室でいただきます。

DATA
📞084-988-0833
🏠福山市沼隈町中山南
　2127-1
🕐☀10:00〜16:00
🚫火〜金曜
　※4月中旬〜6月中旬は
　　水・木曜
🅟なし　🅟あり　🅓なし

廣岡修一さん・なずなさんご夫婦

紅茶専科　紅一門
－こうちゃせんか べにいちもん－

49 ロイヤルミルクティー　至高
☀ 🌙1650円

多様なキャリアから生まれる奥深き一杯

　土壌の異なる一本の木から、栽培・製造・淹れ方によって
変化する紅茶。世界中から厳選した茶葉を、バーテンダーで
もある店主自らブレンドします。カクテルから着想を得た
フレーバーティなど、100種以上の紅茶を提供。低温の牛乳
でゆっくり煮出したロイヤルミルクティーは、手摘みの新芽
だから実現できた逸品です。「広島産紅茶を世界に！」と、苗
木を植える生産者としての新たな挑戦がはじまりました。

店主　野間真吾さん

DATA
📞082-240-1005
🏠広島市中区紙屋町1-6-9
　星ビルB1F
⏰☀11:30〜14:00(L.O.14:00)
　🌙14:00〜20:00(L.O.19:00)
🈺月曜 ※祝日の場合は営業、
　　　火曜休み
🈳なし ㋙あり ㋪必須

The Bar TopNote Ⅲ

—ザ バー トップノート スリー—

中区／バー

50 Time with Elegance

🌙 5060円（チャージ1000円）

大人の社交場を彩る特別な一杯を

上質な空間と最高の接客に、要人も訪れる大人の社交場。「ヘネシー カクテルコンペティション 2019」で優勝を果たした『Time with Elegance』は、ヘネシーX.Oのトップアロマに感じるフレーバーを増幅させ、さらにポテンシャルを高めています。地元酒造会社のアンバサダーも務められる野間さんは、数々の賞を受賞。広島きってのオーセンティックバーで特別な一杯を。

店主　野間真吾さん

DATA
📞082-258-1277
🏠広島市中区紙屋町 1-4-3 2F
🕐🌙月～木曜 19:00～24:00
　　　（L.O.23:30）、
　　　金・土曜 19:00～翌1:00
　　　（L.O.24:30）
🚫日曜 ※月曜が祝日の場合は
　　　営業、月曜休み
🚪あり
　　※個室利用は飲食代+20%
🅿あり　🎫必須

73

Wine Bar Oenophile
エノフィル

DATA
📞082-246-3343
🏠広島市中区堀川町3-3
　津田文ビル202
🕐🍶19:00〜翌3:00
🈺日曜、祝日
個なし　カあり　ド必須

51 タルトフランベ （ハーフ）
🍶各600円

ワイン愛好家が集う倖せワインバー

　フランスを中心とした多彩なワインからお客様の好み
に合わせて提供。温かなご夫婦のホスピタリティに癒やさ
れながら、気取らない雰囲気のなかにも確かな知識が光り
ます。ワインに合うつまみや料理も豊富で、軽快なクリス
ピー生地のタルトフランベが人気。異なる具材に合わせて
マリアージュも提案してくれます。広々としたセラーをも
つ大手町の2号店『Cave de Oenophile』もおすすめです。

オーナーソムリエ
尾﨑良輔さん・亜希さんご夫婦

Le Clos Blanc

ル クロ ブラン

DATA
☎082-207-1772
🏠広島市中区堀川町2-10
　第2レックスビル2F
🕐17:00〜翌1:00
　※土曜、祝日は14:00〜24:00
💤日曜
🈳なし　🅿️あり　🈺必須

52 キッシュロレーヌ
🌙600円（チャージ300円）

豊かな時を刻む　上質な一杯を

　故きを温ねて新しきを知る店主が厳選するワインから、フランスの歴史やテロワールが感じられます。ブルゴーニュとシャンパーニュを中心に、世界的なオークションで樽ごと落札したワインも貯蔵。洗練されたサービスと、生地から手づくりするキッシュロレーヌなど料理にも定評があります。ワイン樽と同じオーク材やカーヴを彷彿とさせる天然石を用いた上質な空間で、音楽とともに至福のひとときを。

オーナーソムリエ
森下久則さん

Metcha Monte
メッチャ モンテ

DATA
📞082-249-3286
🏠広島市中区銀山町11-13
　ソシアルアサヒ館2F
🌙18:00〜翌3:00(L.O.翌2:00)
🚫日曜
　※月曜が祝日の場合は営業、
　　月曜休み
なし　🅿あり　🅳必須

53　トリッパのトマト煮込み
🍶1500円（チャージ600円）

愛すべきマスターが迎えるROSSOなワインサロン

「美味しいイタリアワインの魅力を知ってほしい」と、初心者からワイン愛好家まで愉しめる、選りすぐりの一杯を提供。全国各地の勉強会にも積極的に参加し、希少な銘柄も数多く取り揃えられています。名門ワイナリー『テヌータ・ルーチェ』のブランド・アンバサダーに認定され、チーズプロフェッショナルの資格も有する店主。明るく気さくな人柄も相まって、笑顔溢れるひとときを過ごせます。

オーナーソムリエ
中山典保さん

FLAT sake bar
―フラット―

DATA
📞082-247-5100
🏠広島市中区新天地1-10
　新天地スクエア2F
🕐18:00～翌1:00(L.O.24:00)
　※金・土曜は～翌2:00(L.O.翌1:00)
🈂日曜 ※月曜が祝日の場合は営業、
　　月曜休み
🈶なし 🈹あり 🈁必須

54 5種あて盛り合わせ
🌙800円（チャージ500円）

繁華街の酒バーから日本酒文化を海外へ発信

　古民家風の店内で、県内外の厳選した日本酒を新鮮な
状態で提供したいと、四合瓶を数多く揃えられています。
外国人観光客も多く、初心者にも愉しんでもらえるよう
口当たりの良い銘柄からお客様の好みに合わせて、唎酒
師の店主が提案。香り高い華やかな日本酒は、ワイングラ
スで味わいの変化も愉しめます。梅水晶やセロリと鯖の
燻製和えが並ぶ盛り合わせなど、お酒に合う肴も豊富です。

店主 深井和久さん

HIROSHIMA NEIGHBORLY BREWING&CRAFT BEERと炭火『はればれ』

ヒロシマ ネイバリー ブリューイングアンドクラフトビールとすみびはればれ

55 オリジナルクラフトビール定番5種

☀🌙660円〜（1本の価格）

ブリュワーと生産者　想いをつなぐクラフトビール

　「クラフトビールを街なかで身近に感じてもらいたい」と、平和記念公園近くに誕生したマイクロブルワリー。「ビールは笑顔になる飲み物」をコンセプトに、『梶谷農園』のハーブや『citrusfarmsたてみち屋』のレモンをはじめとする広島ならではの素材を使った個性溢れるクラフトビールが揃います。瀬戸内の朝焼けをイメージした「広島日の出ラガー」など、店内に構えた醸造設備を見ながら味わえます。

プロデューサー　福本成美さん

DATA
☎082-236-9313
（CRAFT BEERと炭火『はればれ』）
🏠広島市中区大手町1-5-10
🕐☀🌙12:00〜22:00(L.O.21:30)
🈳不定休
個なし　カあり　ドなし

歴清社
-れきせいしゃ-

DATA
📞082-237-3530
🏠広島市西区三篠町3-20-4
🕐 9:00〜17:00
　※お取り寄せは同ページ内の二次
　　元コードを読み取る
🈺土・日曜、祝日

56　金のふりかけ
🔆3240円

日常をスペシャルに変えるゴールドの輝き

　1905年に創業、日本の伝統的な箔文化を受け継ぎ、革新的な金銀箔紙を提供する老舗です。その優れた技術は多方面で評価され、同社の金銀箔紙は国内外の最高級ホテルなどにも用いられています。馴染みの少ない箔を身近に感じてもらえたらと、衣食住の観点からアプローチしたのが、2018年に登場した「金のふりかけ」。高純度の食用金箔で、本物の輝きが食のシーンを彩ります。

代表取締役社長
久永朋幸さん

西区／お取り寄せ

やまとや酒舗Naka-machi

やまとやしゅほナカマチ

57 Buono!4 イタリア流ハム４種盛り　グリッシーニ

☀🌙 1780円(Buono!4 イタリア流ハム４種盛り)＋グリッシーニ(480円)

NEOスタイルの酒店で嗜むSAKE&FOOD

　「MARKET KICHEN」機能が加わった新しいコンセプトの酒販店。イタリアのベルケル社製スライサーでカットする生ハムや、日本酒・ワイン・ウイスキーは量り売りが可能で、テイスティングカウンターでは有料試飲が愉しめます。国内外の厳選食品や調味料、専門店の惣菜なども販売。たくさんの"美味しい"に出会える「Meets」をテーマに、飲食店や生産者とコラボしたイベントも開催されています。

DATA
📞082-236-3910
🏠広島市中区中町5-8
🕐☀🌙10:30〜20:00
　※日曜、祝日は10:00〜19:00
　※テイスティングカウンターは平日11:00〜
　　19:30、日曜11:00〜18:30のみ
🈺月曜
🈳なし　🅿あり　👗必須

代表取締役　大山晴彦さん・恭子さんご夫婦

観光名所
旅館・ホテル

List

おりづるタワー　SUITE ROOM Yō "耀"

厳島いろは

みやじまの宿 岩惣

ホテル宮島別荘

Ryokan 尾道西山

おりづるタワー　SUITE ROOM Yō ”耀”

58 　**大崎上島車海老と帆立 カリフラワーのクレーム**
（アミューズ：大崎上島クレールオイスター　メイン：広島黒毛和牛のポワレ）
非公開

世界遺産を望む　魅力満載のランドマーク

　平和記念公園や原爆ドーム、晴れた日には宮島も見渡せる、展望台からの情景は圧巻です。紹介制の「貴賓室」では、テラスでウェルカムドリンクを愉しんだ後、大崎上島『ファームスズキ』の生牡蠣をアミューズに、車海老を使った前菜からスタート。カフェや物産館を利用できるほか、「おりづる広場」では貸切パーティーができるなど、愉しみ方は多様です。近くの元安桟橋からは高速船「ひろしま世界遺産航路」に乗船して宮島へ。広島のシンボルを巡る旅が始まります。

DATA
📞 team@akushucafe.com
🏠 広島市中区大手町1-2-1
🕐 非公開
🚫 非公開
🅿 あり 🚗 なし 🐕 なし
※紹介制

厳島いろは
いつくしま

59 いろは流 瀬戸内割烹

宿泊代に含まれます
オールインクルーシブプランは、ルームサービス、飲み物付き（アルコールを含む ※一部を除く）

世界の視点からラグジュアリーを

新しくも懐かしい、極上を追求したジャパニーズモダンへリニューアル。宮島の海や大鳥居を望む抜群のロケーションに、洗練された調度品が並びます。「食事も妥協をしない」とオールインクルーシブプランでは、その日の気分で好みにあわせて愉しめる、いろは流瀬戸内割烹を提供。誰にも会わないようチェックインできる配慮や、随所に感じられるホスピタリティも相まって、隠れ家のようなお宿で非日常へいざなうひとときを堪能できます。

DATA
☎0829-44-0168（9：00〜18：00）
🏠廿日市市宮島町589-4
🕐チェックイン15：00／
　チェックアウト12：00
休不定休

支配人　山口誠さん

みやじまの宿　岩惣
-いわそう-

60　朝餉の膳
宿泊代に含まれます

からだがやさしく目覚める　滋味深い朝の膳

　国立公園「もみじ谷」内に佇み、江戸末期から伝わる老舗旅館。古き良きものを守りながら、新しいものも取り入れる、女将の心配りが隅々まで行き届いたお宿です。「吾唯知足」をテーマに禅の心をイメージした朝食は、ジュースとスープに始まります。おなかと頭がゆっくりと目覚めるよう、野菜やお出汁の旨みを生かしたやさしい味わい。四季折々の景色を愛でながら、悠久の時を旅する気分に浸れます。

女将　岩村玉希さん

DATA
📞0829-44-2233(9:00〜21:00)
🏠廿日市市宮島町もみじ谷
🕐チェックイン15:00／チェックアウト10:00
🚫不定休

ホテル宮島別荘

ホテルみやじまべっそう

61 地産地消ブッフェ
宿泊代に含まれます
飲み物付き（アルコールを含む　※一部を除く）

宮島の玄関口で我が家のようなくつろぎを

創業120年の老舗『錦水館』の系列で、桟橋から最も近いホテル。「大人のための宮島の我が家」をテーマに、書斎付きラウンジをはじめ、テラスには遊び心溢れるハンギングチェアやドーム型テントが備えられています。地方のスローフードに光を当てる『アル・ケッチァーノ』奥田シェフと石岡料理長が考案したブッフェは、地元食材をふんだんに使った料理が並び、ライブキッチンやデザートまで愉しめます。

DATA
📞0829-44-1180
🏠廿日市市宮島町1165
🕐チェックイン15:00／チェックアウト11:00
🈺不定休

代表取締役社長　武内智弘さん・真弓さんご夫婦

Ryokan 尾道西山
―リョカン おのみちにしやま

62 はじまりの一皿
（旨みのスープ、里芋とちりめんのフリット ルイユ添え、越宝玉と十穀の実のチップス グラス
フェッドヨーグルトと塩檸檬）

🌙 1万8500円（飲み物は別途）

伝統文化にフレンチが融合した新Ryokan

　由緒ある老舗宿『西山別館』がリニューアル。クラシックモダンな歴史的建造物
のラウンジでは、掛け軸や茶道具を愛でながら、おもてなしの抹茶をいただけま
す。「フランス農事功労章 シュヴァリエ」を叙勲された加茂総料理長は、「尾道の文化
や食材に敬意をはらい、海外での経験をエッセンスにした料理を」と、「SETOUCHI
CUISINE」を表現。3種の旨みが織りなす絶品スープから、晩餐がはじまります。

総料理長・副支配人　加茂健さん

DATA
📞0848-37-3145
🏠尾道市山波町678-1
🌙17:30〜21:30
🈑不定休
個なし　カあり　ド必須
　※17:30、18:00、18:30、19:00
　　いずれの時間からの完全予約制
　※宿泊の場合、食事代は宿泊費
　　に含まれます。飲み物付き(アル
　　コール含む　※一部を除く)

「広島極上レストラン-珠玉の77皿-」

料理77皿アーカイブ

広島
極上レストラン
珠玉の77皿

佐伯 和彦・貴子

1

牛タンの味噌焼き

2

アワビのコロッケ

3

ねかしのお造り

4

お椀

5

赤ガイと山菜酢みそ和え

6

タケノコご飯

7

前菜12品盛り合わせ

8

〆の小っちゃなお弁当

9

前菜盛り合わせ

10

お造りの盛り合わせ

11

選べる海鮮丼 ネタ取り無制限

12

旬のお魚の炭火焼き

13

銀シャリ塩むすび

14

田心の前菜盛り合わせ

15

息子の玄米塩むすび

16

本日の前菜盛り合わせ

17

ヤイトハタの酒蒸し

18

ウナギの蒲焼

19

アンコウ肝鍋

20

アワビの友わたソース

21

噂のポテトサラダ

22

アナゴ巻

23

海老真薯サンド揚げ

24

猪ハンバーガー

25

自家製カラスミと前菜の盛り合わせ

26

ハモのグリエ

27

サワラのコンフィ

28

人参のフォンダンとアマエビの前菜

29

フランス産ハト (ピジョン) のロースト

30

季節の野菜 レモン塩添え

31

フランス産ホワイトアスパラ、
菊芋のソース、カカオ風味

32

5味のアミューズ

33

旬のお野菜のポタージュ
カプチーノ仕立て

34

大野瀬戸魚のプロヴァンス風
ブイヤベース

35

フォワグラを練り込んだ洋風の
茶わん蒸し

36

カキのポシェ ガルムと生姜のソース

スコットランド産山シギ サルミソース

加工肉盛り合わせ

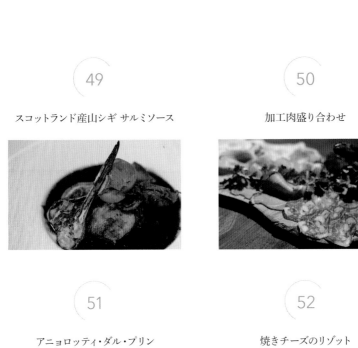

アニョロッティ・ダル・プリン

焼きチーズのリゾット

58.3度火入れ 鶏レバー

よだれ鶏

55

角煮の唐揚げ スパイシーソテー

56

四川唐揚げ

57

ヒレステーキ

58

極上フィレ

59

黒毛和牛希少部位6種盛り

60

ちょうちん

61 ビーフカツ

62 カワハギの握り

63 先端1ダース

64 アレンジうどん

65 毛ガニ酒蒸し

66 本日の肴

67

十割そば 黒

68

鮑の焼きうどん

69

タイ風水餃子

70

梶谷農園さんのケールと
吉田牧場チーズのウルル風おこのみやき

71

ラッテバンビーノチーズ工房の
チーズ全5種＋日本酒

72

「citrusfarms たてみち屋」
菅さんのレモンラザニア

73
SABAポテサラ

74
レディースアフタヌーンティーセット

75
シュークリーム

76
エスプレッソ

77
オコモコ丼

INDEX [店名五十音順]

INDEX [エリア別 店名五十音順]

お　わ　り　に

第２弾のお話をいただいた時
私たち自身の生活スタイルも以前とは違った状況でした。

大好きなレストランへ伺う頻度が減っていましたので
取材を快く受けていただけるか……少し不安な気持ちとともに製作がスタート。

「手伝うことがあれば、何でも言ってね」と、温かい言葉をかけてくださったのは
第１弾で紹介させていただいた料理人の方でした。

何より、出版の趣旨をご理解いただき
取材を受けてくださったみなさんの言葉が心強く、たくさんの勇気をいただきました。

全力でやり抜かなければと
決められた製作期間のなかで、できる限り未訪のレストランを訪問。

遠方への取材は泊まり込みで、一日に何軒も巡りました。

食 ✕ 人

わたしたちが以前からとても大切にしていることを見つめ直す良い機会となりました。

人との出会いは人生にスパイスを与え

心を揺さぶられるような料理との出合いは
いつまでも記憶に残り続けます。

この本をきっかけに

　県内の方はもちろん、県外の方にも
　まだ知らない魅力あるレストランを目指して
　広島を訪れていただきたい。

それが私たちにできる、小さな恩返しです。

出版にあたり、多くの方々のお力添えを賜りました。
心から感謝を込めて、この本をお届けいたします。

佐 伯　和 彦 ・ 貴 子

著者プロフィール

佐伯 和彦・貴子（さいきかずひこ・たかこ）

食材を扱う家庭と食を愉しむ家庭。ともに「食」に親しむ環境で育ち、食を縁に結婚。広島を中心に県外、さらには海外を訪れ、旬の食材やその土地ならではの料理を愉しむ。ときに、星付きレストランや予約困難店を巡り、訪れた国は20カ国以上、外食の日数は年間200日を超える。日々培われた味をみる確かな舌、そして、料理への知識の深さに、料理人からの信頼も厚い。食べ歩きをつづったSNSは、店の予約が増えると噂されるほど影響力がある。

広島極上レストラン2 ～珠玉の一皿～

2023年4月27日　第一刷発行

著　者	佐伯和彦・貴子
発行人	田中朋博
編　集	堀友良平
デザイン&装丁	村田洋子
撮　影	堀行丈治　福角智江　中野一行
取　材	門田聖子　浅井ゆかり　木坂久恵　石田美由紀　中島理恵
編集アシスタント	瀧本真由子
校　閲	菊澤昇吾
DTP	濵先貴之
販売	細谷芳弘　菊谷優希
発行・発売	株式会社ザメディアジョン 〒733-0011　広島県広島市西区横川町2-5-15 TEL 082-503-5035　FAX 082-503-5036
印刷・製本	シナノパブリッシングプレス株式会社

ISBN978-4-86250-766-2　C0076 ¥1500E